HISTOIRE

DES TROIS DERNIERS MOIS

DE LA VIE

DE NAPOLÉON BONAPARTE,

ÉCRITE

D'APRÈS DES DOCUMENTS AUTHENTIQUES;

Par S***.

Tum verò ingentem genitum dat pectore ab imo,
Ut spoliæ, ut currus, utque ipsum corpus amici.
ENÉIDE. LIV. IV.

PARIS,

CHEZ CHAUMEROT JEUNE, LIBRAIRE,

PALAIS-ROYAL, GALERIE DE BOIS, N° 189.

JUILLET 1821.

HISTOIRE

DES TROIS DERNIERS MOIS

DE LA VIE

DE NAPOLÉON BONAPARTE.

———

Un homme dont la destinée extraordinaire a long-temps influé sur celle de plusieurs nations, dont le nom a retenti jusqu'aux extrémités de la terre, et dont la vie offre des événements de quoi remplir plusieurs siècles, ne peut mourir sans que ses derniers moments ne fixent l'attention des peuples. Les portes de son tombeau s'ouvrent avec fracas, et lorsqu'elles se referment sur lui, sa mort est remarquée du monde entier, sa mort laisse un vide dans l'Univers !

Relégué sur un rocher lointain, par des ennemis auxquels il avait fait l'honneur de les croire grands et généreux, on eût dit que Napoléon avait cessé d'exister : à présent qu'il n'est plus, cette idée semble le faire revivre ; son trépas rappelle le souvenir de sa vie; et la Nation Française, qu'il a précipitée dans un abîme de maux après l'avoir élevée au plus haut degré de gloire, n'a pu apprendre avec indifférence la fin de cet illustre malheureux. Bien qu'on sache que tout homme, de quelque rang qu'il soit, doit un dernier tribut à la nature, on est toujours étonné, en apprenant la mort d'un grand personnage, et celle de Napoléon Bonaparte étant pour ainsi dire inattendue, en a fait une plus vive sensation. L'annonce de cette nouvelle a rappellé de si innombrables souvenirs qu'il est naturel que tous les détails qui ont rapport à cet événement, soient recherchés avec avidité. Au fait, il serait difficile de ne pas s'intéresser vivement aux derniers instants d'un homme qu'on a vu débuter d'une manière si brillante sur la vaste scène de l'Europe, et dont la rapide élévation serait inconcevable si sa chute, plus rapide encore, n'était aussi plus étonnante.

Il n'est point de petits détails lorsqu'il s'agit d'un grand homme; ses moindres actions intéressent; ce qui fait que l'on connaît jusqu'aux dernières particularités, sa naissance et sa vie. Un si grand nombre d'histoires de Bonaparte ont été publiées, qu'il n'est personne qui ne sache tout ce qu'il a fait, tout ce qu'il a dit, soit à la tête des armées, soit pendant son consulat, soit sur le trône impérial, soit enfin depuis son entrée à Ste.-Hélène, jusqu'aux derniers temps qui ont précédé le jour de sa mort. Si tous les écrits dont il est l'objet ne sont pas également estimables sous le rapport du mérite littéraire, toujours est-il vrai que ce sont des matériaux de plus ou de moins de valeur, parmi lesquels un habile architecte fera un choix pour élever un monument durable. C'est donc pour mettre l'historien à même de placer la dernière pierre de ce monument, que je publie les trois derniers mois de la vie de Napoléon.

Le gouvernement anglais s'était un peu relâché de la rigueur barbare avec laquelle il avait traité ce héros, dans les commencements de son cruel exil. Les papiers-nouvelles, et surtout les journaux français, dont on lui avait long-temps refusé la lecture, lui étaient apportés, et l'aidaient quelquefois dans son travail habituel, qui consistait à écrire ses Mémoires : c'est à César à écrire ses Commentaires. Il lui arrivait souvent d'appostiller de sa propre main, certains articles des gazettes qu'il avait la permission de garder. Quelquefois, il se bornait à des observations verbales que le général Bertrand écrivait sous sa dictée.

Il allait souvent se promener vers la pointe d'un rocher, regardait en soupirant du côté des îles britanniques, et disait en retenant ses larmes : *Les monstres me font-ils assez souffrir ! Encore s'ils m'avaient fait fusiller, j'aurais du-moins la mort d'un soldat !..*

Un jour, pendant que madame Bertrand lui lisait *OEdipe;* en entendant cesdeux vers si connus :

> **Les prêtres ne sont pas ce qu'un vain peuple pense,**
> **Notre crédulité fait toute leur science.**

il remarqua que Voltaire faisait dire cela dans une pièce où, précisément, la crédulité du peuple envers les prêtres se trouvait justifiée, puisque tous leurs oracles s'accomplissaient.

On sait que le grand Corneille fut toujours son poète de prédilection; il parlait souvent de la tragédie de *Cinna,* dont il admirait la belle simplicité. Quelqu'un lui ayant fait remarquer que le second acte n'avait que deux scènes; *c'est vrai, dit-il, mais elles contiennent tant de choses !....* Il a dit plusieurs fois : *J'ai fait plus d'ingrats qu'Auguste ; que ne suis-je comme lui en situation de leur pardonner !....*

On sait que les jours où madame Bertrand devait lire une tragédie au prisonnier de Ste-Hélène, il disait en souriant : *Nous allons ce soir aux Français.*

Ses campagnes d'Italie faisaient souvent le sujet de sa conversation. Il aimait assez à s'en faire lire les diverses relations imprimées, qui composaient sa bibliothèque. Madame Bertrand ayant ouvert un de ces livres, tomba par hasard sur ce passage, qu'elle lut à haute voix : « La première ba- » taille que l'Empereur livra, fut celle du *Pont-* » *de-Lodi.* Il montra un grand courage, et fut » parfaitement secondé par le général Lannes, » qui passa le pont après lui...» — *Avant!* s'écria Bonaparte avec force, *avant moi ! Lannes passa le premier sur le pont, et je n'ai fait que le suivre. Il faut rectifier cela sur-le-champ.* Il dit, et l'on prit la plume. La note marginale écrite, madame Bertrand ferma le livre, et Bonaparte continua l'entretien que je vais rapporter : « A la bataille » d'*Arcole,* dit-il, Augereau seul décida entière- » ment l'affaire, en arrachant un drapeau des mains » de l'enseigne qui le portait, et criant d'une voix » de stentor : *Que tous les braves me suivent !...* » mais il n'avait pas besoin de crier si fort, les » braves ne sont pas sourds ; ils le lui ont prouvé » tout de suite. Dans ces deux batailles, plus de » vingt mille Polonais, qui étaient dans l'armée » autrichienne, mirent bas les armes. Je les fis » sur-le-champ enrôler dans l'armée française, et » ils formèrent une légion dont le commandement

» fut donné au général polonais *Dombrowski*,
» attaché à mon mon état-major. Dombrowski se
» porta sur Modène. Le prince, qui n'était pas en
» guerre avec la France, fut obligé de payer
» une contribution pour racheter ses états du pil-
» lage. Le quartier-général avait été établi au
» palais ducal, le duc étant en fuite ; deux jours
» après j'attaquai les Autrichiens, je donnai et
» gagnai la bataille de *Reveredo*. Le traité de
» *Leoben* suivit, et j'envoyai le général Clarke à
» *Vienne* pour continuer la négociation. Par ce
» traité, *Venise* fut cédée à l'Autriche, et je fis
» donner vingt-quatre millions au Gouvernement
» français...... Pendant mes campagnes d'Italie,
» ajouta-t-il, le Directoire clabaudait, il essayait
» des remontrances, je lui envoyais des millions
» et des *madones* d'argent massif, il se taisait,
» et mon armée poussait sa pointe. »

Il rappela à cette occasion la riche *madone*
noire, en pied, que Marmont, après la prise de
Mantoue, avait enlevée à Notre-Dame-de-Lorette,
et lui avait envoyée. De toutes les richesses qu'on
avait trouvées à Notre-Dame-de-Lorette, la *madone* fut le seul objet que Bonaparte envoya au
Directoire exécutif. Barras donnait ce jour-là un
grand dîner. La vierge noire fut apportée sur la

table ; le directeur dit en riant : « Le général nous a envoyé la statue miraculeuse, mais il a eu grand soin de garder ses vêtements. » Masséna reprend : « Vous seriez bien étonné, Messieurs, si la *Madona* allait s'enlever tout-à-coup, pour retourner à *Loretto*. » Les directeurs plaisantèrent un moment sur le compte du général ; mais on voyait déjà que les *cinq Sires* le craignaient. « Je connais le caractère de Bonaparte, disait Barras, je l'ai étudié, il veut ce qu'il veut, peut-être un jour voudra-t-il nous soumettre, et nous dira-t-il, à l'exemple de Cromwel : *Vous n'êtes plus un directoire, m'entendez-vous ? Je vous déclare que vous n'êtes plus un directoire. Retirez-vous, faites place à d'autres, le Seigneur a choisi d'autres instruments....* Alors, il nous fera chasser en masse par ses soldats, fermera les portes du *Luxembourg*, et en fera déposer les clefs au château des *Tuileries*, pour les remettre un peu plus tard à un Sénat conservateur qui n'aura pas le talent de se conserver lui-même...... » Cette anecdote du dîner de Barras, dont la vierge de Lorette apporta le dessert, fut racontée par le prisonnier de Sainte-Hélène, l'hiver dernier ; elle le mit en bonne humeur pendant quelques instans. Il rappela, en souriant, la motion d'un député de la convention nationale, qui proposa,

à cette époque, de lui donner le surnom d'*Ita-
lique*.

M. le comte de M.... lui disant qu'il faudrait
la plume de Voltaire pour écrire l'histoire de Napoléon, il répondit : « Oui, mais je ne voudrais
» pas qu'il l'écrivît comme il a fait le *Siècle de
» Louis XIV*, par chapitres détachés, ayant en
» tête chacun un sommaire. Cela me produit l'ef-
» fet d'une grande place publique sur laquelle on
» voit posées par terre les pierres toutes taillées
» et numérotées qui doivent composer la bâtisse
» d'un palais. »

Un habile courtisan disait à Louis XIV : Faites
de M. de Catinat un chancelier, un général, tout
ce que vous voudrez, excepté un major. Bonaparte disait : Faites de l'Angleterre une nation
belliqueuse, une nation commerçante, tout ce
que vous voudrez, excepté une grande nation. Il
n'est que trop vrai que la manière dont il fut
traité par des ennemis qu'il avait cru assez grands
pour se mettre sous leur protection, n'était guère
propre à leur mériter son estime.

Il prenait souvent sur ses genoux le petit Na-
poléon-Bertrand, et disait en le caressant : *Si*

mon fils était avec moi !.... puis il ajoutait : Je n'en serais pas plus 1 eureux , il me consolerait par moments, mais quand je songerais à son avenir !...

Il se plaignait amèrement de la barbarie que l'on mettait à l'empêcher de recevoir des nouvelles de sa famille. Dans les premiers jours de février, on lui apporta, pendant qu'il déjeûnait, une gazette allemande, dont un article concernait l'archiduchesse Marie-Louise et son fils ; il n'eut pas plutôt ouvert le journal, que ses yeux tombèrent sur le passage le plus intéressant pour lui ; en le lisant, il ne put retenir ses larmes ; il porta sur ses lèvres les lignes qui lui rappelaient de si tendres souvenirs; puis , se levant de table , sans pouvoir achever son déjeûner, il mit le journal dans sa poche, et alla se promener seul dans l'endroit le plus désert de l'île. M. le général B... et M. le comte de M... allant le rejoindre deux heures après, le trouvèrent assis sur un rocher, les bras croisés, l'air pensif et abattu , laissant voir qu'il avait beaucoup pleuré. On employa tous les moyens possibles pour tâcher de le distraire, ce qui n'empêcha pas qu'il restât trois jours dans cet état de profonde affliction.

Le jeu d'échecs avait souvent été pour lui un amusement qu'il partageait avec M. et Mme. B... et M. le comte de M...; mais il y avait plusieurs mois qu'il n'y jouait plus lorsqu'il tomba malade. A cette époque, il ne prenait plus, depuis long-temps, aucun plaisir, aucune distraction; il était sans cesse accablé et dans la plus profonde mélancolie.

Sur la fin de février, il jeta au feu un livre intitulé : *Esprit de Madame de Necker*, *extrait des cinq volumes tirés de ses manuscrits*, *publiés en 1798 et en 1801*. On présume qu'il se défit de ce recueil, parce que plusieurs des pensées qu'il renferme étaient émargées de ses observations, car on assure y avoir aperçu de son écriture, notamment en marge de ce passage : « Le passé n'est plus en notre puissance ; l'avenir n'est connu que de Dieu ; le présent est notre domaine ; il faut donc s'arranger avec ses circonstances , sa fortune, son esprit et sa mémoire, sa santé, son âge et ses malheurs , sans penser que nous étions mieux partagés autrefois à tous égards. Tirons le meilleur parti de ce que nous possédons ; le reste ne doit pas entrer dans l'ordre de nos souvenirs, puisqu'il est désormais impossible. Ce remords de nos fautes et le regret que nous donnons aux personnes qui nous sont chères, sont la seule relation qu'il soit raisonnable de soutenir avec le passé. »

On distingua plusieurs autres passages émargés de sa main, entre autres celui-ci : l'imagination est l'optique de la parole. Newton même n'aurait point fait de découvertes, s'il n'avait point pressenti d'avance, par l'imagination, les vérités dont ensuite il a donné la preuve. Il faut distinguer deux genres d'imagination, l'une qui ne travaille que sur des êtres absolument fantastiques ; l'autre qui réunit des vérités connues à des idées inconnues, et qui s'appuient les unes par les autres. C'est l'imagination qui produit les systèmes. C'est un beau don de la Providence fait à l'homme, pour qui tout est obscurité, et qui est obligé de suppléer sans cesse par la pensée à ce qu'il ne saurait voir. Il ne peut même rien connaître au dehors de lui que par l'imaginatien. C'est cette belle faculté qui nous élève jusqu'à l'Etre-Suprême, qui fait l'alliance du ciel avec la terre, qui nous fait connaître les choses que l'œil n'a point vues, et que l'oreille n'a point entendues. C'est elle qui recule les bornes de notre entendement : vouloir nous restreindre au petit nombre de vérités dont nous avons la preuve démonstrative et rigoureuse, c'est nous réduire à deux ou trois idées. »

Madame B... lui témoigna les regrets qu'elle avait de lui voir brûler impitoyablement un livre dans lequel il y avait tant de choses écrites par lui ; elle lui rappela à ce sujet l'acquisition faite il y a quarante ans, par un sieur Dutems, qui acheta la petite bibliothèque de Jean-Jacques Rousseau, d'environ cinq cents volumes, avec des notes marginales ; et lui dit que le livre de *l'Esprit d'Helvétius*, entre autres, couvert des critiques du philosophe de Genève, avait été vendu un prix exhorbitant. Napoléon répondit qu'il avait donc tranché du *Jean-Jacques* sans le savoir, sur un livre dont l'auteur avait par fois singé *Helvétius* sans s'en douter. Ce court entretien ne le rendit point repentant du sacrifice qu'il venait de faire. Il dit au contraire qu'il était bien aise d'avoir brûlé tout ce fatras, afin qu'il n'en restât aucune bribe.

On ne conçoit pas comment cet homme extraordinaire avait pu trouver le temps de lire assez, pour savoir une infinité de choses, qu'il n'était pas strictement nécessaire qu'il connût, soit comme général, soit comme consul, soit comme empereur. Certainement il était très-instruit ; grand capitaine, ou grand homme d'état, il déployait des lumières prodigieuses. On a peine à concilier

d'après cela les études constantes qu'il était obligé de faire pour acquérir tant de vastes connais-
sances, et les choses frivoles qu'il ne dédaignait
pas de retenir. Il n'était étranger à aucune espèce
d'instruction, à aucun genre d'entretien. Plusieurs
voyageurs de la plus haute distinction, retour-
nant en Europe, ayant relâché à Sainte-Hélène,
lui firent demander la permission d'aller le saluer.
Il consentit à recevoir leur visite, et charmé de
leur conversation, il leur envoya le lendemain
une invitation à dîner. Son maître d'hôtel fit du
mieux qu'il lui fut possible les apprêts de ce repas,
et malgré tous ses efforts, il y eut une lacune assez longue entre le premier et le second service.
L'illustre amphitrion voyant cela, dit à madame
B... de l'air le plus aimable ; *allons, madame,
encore une histoire, le rôt nous manque.* Personne ne se rappela dans le moment l'anecdote à
laquelle ce mot faisait allusion, ce qui le mit dans
la nécessité de la raconter lui-même, à peu près
en ces termes : « Madame de Maintenon, n'étant
encore que madame Scarron, sa maison était le
rendez-vous de ce que la cour et la ville avait de
plus aimable et de plus distingué : le duc de Vi-
vonne, les comtes de Grammont et de Coligni,
Charleval, Pélisson, Hesnault, Marigny, s'y réu-
nissaient ; les dîners de madame Scarron, malgré

leur simplicité presque frugale , étaient cités dans Paris : elle y racontait des anecdotes avec tant d'esprit et d'intérêt , que l'appétit et l'attention des convives étaient pour ainsi dire enchaînés. Un jour qu'elle était dans une position à peu près semblable à la nôtre, son maître d'hôtel vint lui dire à l'oreille : *Madame , encore une histoire , le rôt nous manque.* »

Quelqu'un lui ayant rapporté qu'à la suite d'une de ses batailles, un soldat mal enterré laissait passer son bras mort, comme une plante qui sortait de dessous terre, il cita le trait de l'équipage du capitaine Marion , qui fit ensevelir tous les sauvages qu'il avait tués , en leur laissant une main hors de terre. On trouva cette image terrible et épouvantable . « Il voulait montrer, dit Napo-» léon, que les Européens ne mangeaient pas les » cadavres. »

Lady Low lui demanda un jour plaisamment , s'il y avait une dédicace à ses mémoires , il répondit par ce mot de Furetière, qui disait que l'inventeur des dédicaces fut un mendiant. Cette réponse amena naturellement la conversation sur Bélisaire. « *Oui,* dit-il, *ce général romain fut* » *une illustre victime de l'ingratitude, et en*

» *effet....* » Il n'acheva pas; il resta pensif, se
retira dans son cabinet, où il écrivit pendant
plusieurs heures.

L'ex-Empereur, dès qu'il fut entièrement établi dans l'île Sainte-Hélène, se livra à l'étude de
la langue anglaise : il n'y a pas très-long-temps
qu'il eut une discussion assez vive avec quelqu'un
qui lui soutenait que cet idiôme ne ressemblait
en rien à aucune langue morte ancienne; ne pou-
vant convaincre son adversaire autrement, il alla
chercher à sa bibliothèque une Illiade traduite par
Pope, et l'apporta en disant : « Voici la preuve
» que de toutes les langues, celle qui se rap-
» proche le plus de la langue grecque, c'est la
» langue anglaise; Pope est de tous les auteurs,
» celui qui a fait la plus belle traduction d'Ho-
» mère. »

L'un des derniers journaux français qu'il reçut,
portait, sous la rubrique, ANNONCE DE NOUVEAU-
TÉS, qu'on venait de mettre en vente chez les
marchands de musique, à Paris, une hymne
guerrière avec une musique nouvelle d'un de nos
célèbres compositeurs. Ces mots d'*hymne guerrière* lui firent éprouver une singulière sensation.
Mais il fut bien plus vivement ému en lisant le

titre de cette production, c'était : *La garde meurt,
elle ne se rend pas......* « Braves soldats français !
» dit-il, en soupirant, quels hommes !... ils se
» sont rendus tous immortels ! Toute l'armée sera
» mentionnée dans les Annales de la France ;
» mais ce n'est pas assez ; chacun d'eux devrait
» occuper, seul, une page dans l'Histoire. »

Dans une conversation assez vive entre l'illustre prisonnier et un général anglais, celui-ci, en
observant toutefois les règles de la plus délicate
bienséance, lui rappela l'histoire de Monck, qui
rendit le trône d'Angleterre à Charles II. « Lors-
» que je pris les rênes du Gouvernement français,
» répondit Napoléon, ma situation politique était
» bien différente de celle de Monck ; l'Angleterre,
» à la mort de Cromwel, fut divisée en divers
» partis, mais elle était paisible au dehors. Ri-
» chard, son fils, comme l'a dit le prince de
» Conti (1), frère du grand Condé, n'avait pas su
» profiter des travaux de son père, et la majorité

______

(1) Le prince de Conti voyant un jour Richard Cromwel à Montpellier, lui dit, sans le connaître : « Olivier
» Cromwel était un grand homme ; mais son fils Richard
» est un misérable de n'avoir pas su jouir du fruit des
» crimes de son père. »

» rappelait Charles au trône. » Quand le général
fut sorti, on entendit Napoléon se dire tout haut
à lui-même : « Lorsque l'avocat *Gohier*, l'apos-
» tat *Syeyes*, le procureur *Rewbel*, et le fripier
» *Moulins*, s'étaient fait rois, je pouvais bien,
» me faire consul, j'avais pris mes licences à
» *Montenotte*, à *Lodi*, *Arcole*, *Chébreisse*, et
» *Aboukir*. »

Un soir qu'il avait jeté plusieurs papiers dans
sa cheminée, il se retira sans faire attention qu'ils
n'étaient pas tous consumés. Parmi ceux qui
étaient échappés au feu, on trouva une carte sur
laquelle cette pensée était écrite : « L'amour de
» la gloire ressemble à ce pont que Satan jette
» sur le chaos, pour passer de l'Enfer en Para-
» dis ; la gloire joint le présent à l'avenir, dont
» il est séparé par un abîme immense ; mais...... »
On ne put en lire davantage. Un autre papier, qui
fut également ramassé avec soin, portait cette re-
marque profonde : « Les Lacédémoniens souf-
» fraient tous les malheurs, tous les inconvénients
» attachés aux vices, et toutes les gênes attachées
» à la vertu. Ils n'étaient ni pères, ni maris, et
» cependant ils n'avaient aucunes des jouissances
» d'une vie déréglée ; ils se faisaient esclaves pour
» être maîtres et conquérants. »

Après le débarquement de Napoléon à Sainte-Hélène, M. le docteur O'Meara lui fut attaché en qualité de médecin. Quelques contestations avec le gouverneur de l'île l'obligèrent, il y a deux ans, à revenir en Europe. A son retour en Angleterre, il publia son opinion sur l'état de la santé où il avait laissé le prisonnier, et sur la gravité que le climat pouvait ajouter au mal dont il était attaqué. Quelques mois avant de mourir, et lorsque personne ne pensait que sa fin fût si prochaine, l'ex-Empereur ayant vu annoncer dans les journaux anglais l'ouvrage du docteur O'Meara, témoigna le désir de l'avoir, mais on ne jugea pas à propos de le lui envoyer.

Dans les derniers jours du mois de janvier, il se plaignit d'un manque total d'argent, résultant du retard des remises qui devaient lui être faites. Il fit demander par M. le marquis de Montchenu, commissaire du gouvernement français, que le gouverneur de l'île voulût bien lui avancer tous les mois 500 livres sterlings, que le duc de Leuchtenberg ferait remettre à Londres par la maison Baring.

Lorsque le capitaine anglais Poppleton prit congé de Bonaparte à Sainte-Hélène, l'ex-Em-

pereur lui offrit une tabatière enrichie de dia-
mants, en lui disant : « Adieu, mon ami, voilà
» la seule bagatelle qui me reste. Je vous la pré-
» sente afin que vous puissiez faire voir après ma
» mort ce gage de ma reconnaissance. »

Depuis quelques mois, cherchant des distrac-
tions à ses souffrances, il avait témoigné le désir
d'augmenter le nombre des commensaux de sa
maison. Réfléchissant ensuite aux difficultés qu'il
y aurait de le satisfaire sur ce point, il n'en parla
plus. Mais ce qu'il souhaitait davantage, c'était
qu'on lui envoyât un ecclésiastique qui fût connu
par une vaste et profonde érudition. *La Harpe*,
dit-il, *à l'approche de la mort se jeta dans les
bras de la Religion, qui sait si je ne me ferai
pas dévot.*

L'ex-Empereur avait à Longwood deux petits
tableaux parallèles auprès desquels il s'arrêtait
souvent : l'un représentait son couronnement avec
Joséphine, sa première épouse, l'autre son ma-
riage avec Marie-Louise.

Toutefois, l'heure devait bientôt sonner où il
faudrait perdre de si riches souvenirs, où Napoléon serait forcé d'abandonner le songe brillant

de sa puissance comme il en avait quitté, sept ans auparavant, l'enivrante réalité. Sans être préparé à la mort, il s'attendait à mourir bientôt, parce qu'il sentait les progrès de sa maladie. Si elle n'eût point été aggravée par le chagrin, il aurait pu fournir une plus longue carrière; car il était dans un âge encore loin de la vieillesse. Son imagination était toujours aussi active, son génie toujours aussi jeune que dans les beaux temps de sa gloire. Ses destins seuls étaient vieillis, son étoile avait pâli, son bonheur seul était usé. Mais qui sait ce qu'il aurait fait s'il eût été toujours heureux?....... Ce qu'il aurait fait?..... Il n'appartient à personne d'émettre un avis à cet égard; toute conjecture manifestée publiquement serait répréhensible. Dans ces grandes circonstances, l'opinion des contemporains est toujours suspecte. Napoléon, descendu au tombeau, n'est plus à ses concitoyens, il appartient à l'histoire; c'est elle seule qui doit le juger. La vérité viendra dans un demi-siècle évoquer sa cendre. En attendant cette grande époque, que la gloire en deuil vienne s'asseoir sur sa tombe et le pleure en silence!....

Le 15 mars, après avoir été déjeûner dans un endroit retiré, à peu de distance de Longwood, situé près d'une source dont il buvait souvent, il se trouva fortement incommodé. De retour à Longwood, il ne voulut point se coucher; il s'assied dans un fauteuil, où il s'assoupit quelques instans. Il mangea peu à dîner. Après ce repas, il se jeta sur un petit lit de camp qu'il avait apporté de France, et qui lui servait dans ses campagnes. Depuis son établissement à Sainte-Hélène, il lui arrivait souvent de goûter quelques instans de repos sur ce lit de camp. Cette fois, il y resta plusieurs heures. Puis il se leva, reçut quelques personnes auxquelles il parla du malaise qu'il éprouvait. Cependant il résista, et ne voulut se coucher tout-à-fait qu'à son heure ordinaire.

La journée du lendemain, 16 mars, se passa à peu près de même que celle du 15, à l'exception qu'il ne sortit pas.

Le 17, il se leva encore, mais il fut obligé de se recoucher vers midi; et dès-lors, il ne sortit plus de sa maison de Longwood. C'est là que les progrès de sa maladie se déclarèrent. Il fit venir son propre médecin, le professeur Antommarchi. Ce docteur le soigna seul, depuis le 17 jusqu'au 31. A partir de cette époque, il resta alité.

Pendant les derniers temps, c'est-à-dire, depuis le 1er. avril jusqu'au 5 mai, il recevait les visites journalières du professeur Antommarchi, conjointement avec le docteur Arnott, attaché au 20e. régiment anglais. Il leur déclara qu'il ne prendrait aucune espèce de médicaments, les regardant comme inutiles ; depuis, il a constamment refusé de prendre tous ceux qu'on lui offrait.

Un mois avant sa mort, il déclara qu'il ne relèverait pas de sa maladie, et ajouta qu'il en connaissait mieux la nature que ses médecins ; que la douleur qu'il ressentait ressemblait à celle que lui occasionnerait un couteau qu'on lui plongerait dans le corps, et qui s'y briserait, la blessure se refermant ensuite à l'extérieur. Il ajouta que son père avait été pareillement enlevé par un cancer dans l'estomac, à l'âge de 35 ans. En effet, tous les symptômes qui ont annoncé sa fin, sont les mêmes que ceux qui avaient été observés à la mort de son père.

Il y avait long-temps que le mal dont il devait mourir l'occupait. La preuve qu'il en connaissait parfaitement l'origine, c'est qu'il décrivait souvent sa maladie aux personnes qu'il voyait ; mais il n'avait jamais pu convaincre ses médecins qu'il en avait une juste idée. Dès le commencement, il en avait fait la description, en notant soigneusement les différentes sensations qu'il éprouvait à différentes époques ; il ne quitta ce travail que quelques jours avant sa mort. Cette description est destinée à son fils.

Vers le 10 ou le 12 d'avril, il donna ses instructions aux personnes qui l'entouraient, afin de régler ses affaires et de mettre ses papiers en ordre.

Le 15, dans un moment où M. Arnott était auprès de lui, il fit, avec un canif, un N sur une tabatière, et lui en fit présent.

La maladie dura six semaines : elle agit sur le corps du malade, au point de le réduire à l'état de squelette et de défigurer complettement ses traits.

Plusieurs jours avant de mourir, il fit mettre le buste de son fils au pied de son lit, et ses yeux restèrent fixés dessus jusqu'à son dernier soupir ; il paraissait avoir un bien vif attachement pour cet enfant.

Le mardi 1er. de mai, on pensa pour la première

fois que la maladie était dangereuse ; le mercredi 2, elle empira; le jeudi 3, on désespéra de sa vie. Le docteur Shortt, médecin en chef, et le docteur Mitchell, premier médecin des forces navales de station, dont on avait offert les services, ainsi que ceux des autres médecins de l'île, ont été appelés en consultation par le professeur Antommarchi, le 3 mai ; mais on ne les invita point à voir le malade.

Le vendredi 4, il alla un peu mieux, ayant pris quelques rafraîchissements.

Pendant le jour, on faisait des signaux de Longwood, de deux heures en deux heures ; ils portaient en substance : « *Toujours de même, point de changement.*

La nuit du 4 au 5, on n'eut plus d'espoir. Le samedi à trois heures du matin le malade perdit connaissance ; deux heures après, les extrémités étaient froides, il n'y avait presque plus de pouls.

L'amiral, le marquis de Montchenu et son aide-de-camp, informés de l'état désespéré du malade, se rendirent immédiatement à Longwood, pour être témoins, comme on le suppose, de sa mort prochaine. Les dernières paroles qu'on lui entendit prononcer depuis qu'il avait perdu connaissance, furent : « *Mon Dieu* !... *Et la Nation* » *Française* !... *Mon fils* !... *Tête armée* !... » on ne peut savoir qu'elle liaison ces deux mots *tête armée*, pouvaient avoir dans son esprit, mais on les a entendus distinctement, vers sept heures du matin, le jour de sa mort ; quelques instants après, il dit : *France* !... *France* !..., Ce fut ses dernières paroles. Il rendit son dernier soupir le samedi 5 mai 1821, à six heures moins dix minutes du soir.

Ainsi mourut Napoléon, sur un sol étranger, sur un rocher au bout du monde ; séparé par l'immensité des mers, de son épouse, de son fils, de sa patrie et de ses amis !... ainsi disparut comme un astre que la nuit vient voiler à nos yeux, cet amant passionné de la gloire, ce héros qui, par l'énergie de sa volonté, a su pendant quinze ans communiquer son âme et son génie à une nation entière, à une nation dont il connaissait la bravoure et la vaillance, et à laquelle il était sûr de faire illusion en l'appelant à parcourir avec lui les vastes champs de l'honneur.

On peut dire que Bonaparte est mort héroïquement, car la douleur que lui occasionnait sa maladie a dû être vive, et il n'a jamais prononcé la moindre plainte. Lorsqu'il eut expiré, il avait l'air d'être endormi. Sa figure était calme, il était facile d'y reconnaître quelque chose de noble ; elle était encore, quatorze heures après sa mort, une des plus imposantes qu'on pût voir. Mais la chaleur du climat est telle que peu de temps après, ses traits étaient méconnaissables ; et lors de l'exposition du corps, après avoir été ouvert, il s'était déjà fait un changement total dans tout l'ensemble.

Le docteur Arnott était auprès du malade au moment de sa mort, et lui vit rendre le dernier soupir. Le capitaine Crozat, officier de service, et les docteurs Shortt et Mitchell virent le corps immédiatement après. Le docteur Arnott resta auprès pendant la nuit.

Le lendemain, à sept heures du matin, M. H. Lowe, lieutenant-général, se rendit à l'appartement où était le corps, accompagné du contre-amiral Lambert, commandant en chef de la station ; M. le marquis de Montchenu, commissaire du Roi de France, et chargé des mêmes fonctions de la part de l'empereur d'Autriche ; le brigadier-général Coffin, commandant en second ; MM. Thomas

L. Brooze, et Thomas Greentree, écuyer, membres du conseil du gouvernement de l'île ; et les capitaines Brown Hendry et Marryal, de la marine royale, accompagnaient le contre-amiral, et le lieutenant-général. Après avoir vu la figure de Napoléon Bonaparte ils se retirèrent.

On permit ensuite, du consentement des personnes qui composaient sa maison, aux officiers de terre et de mer qui le désirèrent, aux officiers et employés civils de la compagnie des Indes orientales, et à plusieurs autres individus résidant dans l'île, d'entrer dans la chambre où était le corps, et de le voir.

Le capitaine Maryall, de la marine royale, le dessina à la prière de sir Hudson-Low, gouverneur de l'île, et avec la permission du comte Montholon et du maréchal Bertrand. On assure que la ressemblance est parfaite. Le capitaine Maryall a dessiné aussi le tombeau et la procession du convoi de Napoléon.

Comme Bonaparte avait manifesté le désir que l'on ouvrît son corps, et que les autorités le désiraient aussi, pour que l'on connût le véritable état de sa maladie, l'ouverture eut lieu le lendemain de sa mort 6 mai, à deux heures, en présence des docteurs Shortt, Arnott, Burton du 66e. régiment anglais, et Matthew-Livingstone, médecin au service de la compagnie des Indes. Le professeur Antommarchi assistait à sa dissection. M. le général Bertrand et M. le comte de Montholon étaient aussi présens.

A la première vue, le corps, qui avait de très-petits os et de très-petits muscles, paraissait très-gras, ce qui fut confirmé par la première incision vers le bas-ventre, où la graisse avait plus d'un pouce et demi d'épaisseur sur l'abdomen. En pénétrant à travers les cartillages des côtes, et en examinant la cavité du thorax, on vit une légère adhésion de la plèvre gauche à la plèvre droite. Environ trois onces d'un fluide rougeâtre étaient contenues dans la cavité gauche, et près de huit onces dans la cavité droite ; les poumons étaient très-sains ; le péricarde était dans son état naturel, et contenait environ une once de fluide.

Le cœur était de la grandeur naturelle, mais couvert d'une forte couche de graisse ; un de ses rognons était renversé ; les oreillettes et les ventricules n'avaient rien d'extraordinaire, si ce n'est que les parties musculaires paraissaient plus pâles qu'elles n'auraient dû l'être.

En ouvrant l'abdomen , on vit que la coëffe qui couvre les boyaux était extraordinairement grasse; et en examinant l'estomac, on s'aperçut que ce viscère était le siége d'une grande maladie. De fortes adhésions liaient toute la surface supérieure, surtout vers l'extrémité du pylore, jusqu'à la surface concave du lobe gauche du foie ; en les séparant , on découvrit qu'un ulcère pénétrait les enveloppes de l'estomac à un pouce du pylore, et qu'il était assez grand pour y passer le petit doigt.

La surface intérieure de l'estomac présentait une masse d'affections cancéreuses ou de parties squirreuses se changeant en cancer: c'est ce qu'on remarqua surtout près du pylore ; l'extrémité cardiaque , moins une petite étendue vers le bout de l'œsophage , était la seule partie qui parût saine; l'estomac était plein de sédiments de café.

La surface convexe du côté gauche du foie adhérait au diaphragme, à l'exception des adhésions occasionées par la maladie de l'estomac ; le foie ne présentait rien de malsain.

Le reste des viscères abdominaux était en bon état. On a trouvé que Napoléon serait mort plutôt si le foie n'avait pas pénétré de force par le trou de son estomac, ce qui empêchait les aliments de s'échapper.

Après cette opération, on habilla le corps; on le revêtit de l'uniforme vert, à parements rouges, que Bonaparte portait souvent, et de toutes les étoiles de ses ordres.

Quant à l'exposition du corps, et à l'admission générale des habitants pour le voir, sir Hudkinson, gouverneur de l'île, s'en rapporta absolument à MM. Bertrand et Montholon, qui, non-seulement y consentirent, mais désirèrent même que cette cérémonie eût lieu.

Son aumônier et ses domestiques lui ayant rendu les devoirs prescrits par la Religion catholique, on le plaça, revêtu de son uniforme vert, sur ce petit lit de camp en fer qui lui servait jadis dans ses campagnes, et qui cette fois lui tint lieu de lit de parade. Il avait, entre autres décorations, une étoile d'or sur le côté. Le prêtre qui se trouvait là, lui avait mis un crucifix d'argent sur la poitrine. Il avait sous son corps le manteau de drap bleu brodé en argent qu'il portait à la bataille de Marengo. Sa chambre était tendu de drap noir. A la tête du corps étaient l'autel, le prêtre, le Maréchal Bertrand et le comte de Montholon. Tous ses domestiques étaient aussi présens. Ce qu'il y avait de plus touchant, c'était madame Bertrand, qui était dans une chambre voisine, d'où on l'entendait pleurer amèrement. Quelqu'un ayant dit à cette dame que le chagrin avait peut-être hâté le trépas de Napoléon, elle répondit qu'elle connaissait assez bien sa maladie pour assurer du contraire, et qu'il en serait mort même à Austerlitz, au milieu de toute sa gloire.

Il resta exposé le 6 et le 7. Pendant ces deux jours, une foule immense vint le voir. C'était pour tout le monde un spectacle des plus frappants, de voir, pour ainsi dire, au milieu des rochers, le corps inanimé d'un homme qui avait commandé à l'Europe, et fait trembler les Rois. Les derniers du peuple, en contemplant cette figure muette et pâle, semblaient voir dans une fin si indigne d'un pareil personnage, une leçon terrible pour les grands de la terre.

Le 8 mai, on l'embauma et on l'ensevelit. On remarqua qu'il avait le plus beau corps qu'il fût possible de voir ; ses mains étaient blanches comme de la cire, et molles, quoiqu'il y eût trois jours que le frisson de la mort les avait touchées.

On remarqua aussi une légère blessure à la tête, qu'il avait reçue de la hallebarde d'un sergent anglais à Toulon ; au-dessus du genou une seconde blessure reçue à Ratisbonne, par le choc d'une balle morte, et enfin une troisième à la cheville du pied, reçue en Italie. Son crâne n'a pu procurer aux cranalogistes la satisfaction qu'ils attendaient. Les docteurs Mitchell et Burton se sont donné beaucoup de peine pour avoir la forme de sa figure, mais le gypse qu'ils se procurèrent dans l'île était si mauvais, que tous leurs efforts furent inutiles.

Le corps, revêtu de son uniforme et de ses décorations, a été renfermé dans un cerceuil de plomb qu'on a mis ensuite dans deux autres cercueils d'acajou, dont la partie supérieure et les côtés extérieurs étaient simples ; les bords étaient garnis d'ébène noir, et des vis d'argent s'élevaient sur le couvercle.

Une loi du parlement d'Angleterre avait défendu, dès le commencement de sa captivité, de lui donner d'autre titre que celui de Général. La pompe de ses funérailles ne laissa rien à désirer, eu égard aux lieux où elles se firent. Son enterrement eu lieu le 9 mai. On lui rendit, avec toute là magnificence possible, les honneurs dus à un officier-général du plus haut rang. Voici l'ordre qu'on observa dans cette cérémonie funèbre. Napoléon Bertrand, fils du maréchal; le prêtre, revêtu de ses habits sacerdotaux; le docteur Arnott, du 20e. régiment anglais; le médecin de Bonaparte; le corps, dans une voiture de deuil, attelée de quatre chevaux; douze grenadiers, pour descendre le cercueil au bas d'une colline où la voiture ne pouvait aller, le cheval de l'ex-Empereur, conduit par deux domestiques. Le comte de Montholon et le maréchal Bertrand portaient les coins du drap mortuaire; c'était le manteau bleu qui venait de lui servir pour le lit de parade. L'épée de Napoléon était sur son cercueil. Madame Bertrand et sa fille suivaient dans une voiture découverte. Des domestiques des deux côtés et derrière. Les officiers de marine et de l'Etat-major; les membres du conseil; le général Coffin; le marquis de Montchenu; l'amiral et le gouverneur; lady Low et sa fille, en grand deuil, dans une voiture couverte. Les dragons, les volontaires de Sainte-Hélène, le régiment de Sainte-Hélène, l'artillerie de terre, le 66e régiment anglais, les soldats de marine, le 20e régiment, l'artillerie royale. Le corps a été reçu à la sortie de Longwood, par trois mille hommes de troupes, et quatre détachements de musiciens rangés le long de la route. Après le passage du corps, les troupes le suivirent, et s'arrêtèrent au-dessus de l'endroit où il devait être déposé, occupant la route qui longe la vallée, tandis que le cortège descendait par une route pratiquée exprès. Le corps fut alors enlevé par douze grenadiers, et porté au tombeau, où il reçut la bénédiction du prêtre. Il a été descendu dans une chambre pratiquée dans un vaste caveau en pierre. Une grande pierre recouvre le tombeau; et l'espace intermédiaire est rempli de maçonnerie renforcée de fer.

On a pris toutes les précautions pour empêcher l'enlèvement du corps; une garde d'officiers est chargée de veiller sur le tombeau. Le cœur de Napoléon, que MM. Bertrand et Montholon désiraient rapporter en Europe, a été remis dans le cercueil; il est dans une coupe d'argent remplie d'esprit de vin. Son chirurgien désirait garder l'estomac, mais il est également conservé dans un vase d'argent.

Onze salves d'artillerie ont été tirées pendant la cérémonie.

Napoléon est enterré dans un endroit très-romantique, situé dans une vallée, près d'une place appelée *Hut's-gate* (la porte de la cabane).

Lors de son arrivée à Sainte-Hélène, le maréchal Bertrand demeurait à Hut's-gate, en attendant qu'on lui eût construit une maison près de celle de l'ex-Empereur, qui visitait souvent la famille du maréchal. Près de là, est une source d'eau excellente dont Napoléon se faisait souvent donner un verre. Madame Bertrand et le maréchal étaient toujours avec lui. Il leur a dit plusieurs fois : *S'il arrive que je meure sur ce rocher, faites-moi enterrer dans cet endroit.* Il désignait sa place près de la source, au-dessous de deux saules. Lorsqu'on ouvrit son testament, on y trouva encore cette demande. Le lieu qu'il désignait était presqu'inaccessible, quoique n'étant qu'à un mille et demi de Longwood; mais les pionniers font une route.

La maison destinée à Bonaparte était complètement terminée; M. le maréchal Bertrand le lui ayant annoncé, il répondit qu'elle lui servirait de tombeau, ce qui eut lieu effectivement, car on enleva les pierres d'une partie de la maison pour former le caveau.

Le 11, tous ses effets ont été exposés aux regards du public : on n'a jamais rien vu de plus mal composé que sa garde-robe : des vieux habits, des chapeaux, des pantalons qu'un garde-marine voudrait à peine porter. Il était extrêmement difficile de lui faire mettre quelque chose de neuf :

après l'avoir porté une heure ou deux, il le reje-
tait, et reprenait ses vieux habits.

Quelque temps avant de mourir, il a élevé le
sieur Marchand, son domestique, au rang de
comte, et a fait promettre à MM. Bertrand et
Montholon de le traiter comme tel. Il l'a en outre
comblé de bienfaits.

Il a laissé au docteur Arnott, cinq cents napo-
léons; à lady Holland, une très-belle tabatière
de camée antique que le Pape lui avait donnée.
Il a renfermé dans la tabatière un petit morceau
de papier, sur lequel il avait écrit lui-même,
pour remercier cette dame de ses attentions. Il a
disposé de ses effets les plus précieux, consistant
particulièrement en vaisselle plate et très-belle
porcelaine de Sèvres, en faveur de MM. Montholon et Bertrand.

On a tenu secret le reste du testament, qui a
été envoyé avec d'autres papiers de Napoléon, au
Gouvernement anglais.

L'ecclésiastique chargé d'assister des consola-
tions de la Religion les restes de Bonaparte, se
borna à réciter des prières pour le repos de son
âme. S'il fut mort sous la pourpre, dans tout l'éclat
de sa prospérité, les plus grands orateurs chrétiens auraient disputé de savoir et d'éloquence
pour lui faire une oraison funèbre : il vient d'expi-

rer dans l'exil, proscrit et malheureux, nul n'élèvera la voix sur sa tombe, nul ne consolera son ombre de quelques paroles saintes, nul ne viendra dans ces temples qu'il a relevés, au pied des autels qu'il a réédifiés, faire retentir la chaire pastorale du récit de ses vertus héroïques !.... Mais quel nouveau Bossuet, quel Fléchier moderne seraient dignes de tirer de la vie de l'ex-Empereur, ces sublimes leçons que sauraient y trouver, en les ornant de la morale évangélique, l'évêque de Nîmes et le pontife de Meaux?.... qui saurait, comme eux aujourd'hui, parmi nos Cicérons de l'Eglise, peser d'une main équitable, les vertus de son héros au poids de la vertu, et s'écrier avec l'onction des patriarches : *O France ! revêt tes longs habits de deuil, celui qui t'a fait la première nation du monde, n'est plus !...... Soldat Français, attache un crêpe funèbre à tes armes, celui qui les a illustrées a vu son âme s'échapper de sa dépouille mortelle, et s'envoler vers les Cieux ! et toi, antique Lutèce, toi qu'il a élevée l'égale de Rome et d'Athènes, hâte-toi ! que tes nombreux canaux, que tes superbes fontaines se changent en Naïades et leurs ondes en torrents de larmes, pour pleurer celui qui, de la même main dont il dirigeait les armées, a rouvert des temples, élevé des palais, et donné des trônes.*

Peut-être le grand capitaine qui vient de mourir ne saurait-il être loué dignement que par les philosophes chrétiens qui firent entendre leurs mâles accents sur les tombeaux des Condé et des Turenne !.... Peut-être, puisque Fléchier et Bossuet ne sont plus, est-il agréable aux mânes de Napoléon qu'il n'ait point d'oraison funèbre !... Voltaire fit un poëme épique pour que la France en eût un : Bossuet et Fléchier, seuls, auraient pu prononcer une oraison funèbre pour que le vainqueur d'Austerlitz et de Marengo en eût une.

Mais que dis-je? Sa cendre n'a pas besoin de ces pompeux discours qui ne pourraient ajouter un rayon à sa gloire, un laurier à ses lauriers. Son éloge funéraire est dans le cœur de tous les Français. Interrogez-les, vous verrez qu'il n'en est pas un (je parle des véritables Français) qui ne soit prêt à aller sur les rochers de Sainte-Hélène, chercher ses restes précieux, qui devraient reposer en France. Ne lui refusez donc pas une sépulture parmi les superbes monumens qui sont sortis de dessous terre à la voix de son génie?.. Ne refusez donc pas un tombeau, ne refusez donc pas un peu de terre à celui qui ajouta vingt-trois départemens au territoire de l'Empire.

FIN.

www.ingramcontent.com/pod-product-compliance
Lightning Source LLC
Chambersburg PA
CBHW061123050726

47594CB00005B/2062